AF262385

LA DÉFENSE

DES

INTÉRÊTS CATHOLIQUES

EN TERRE-SAINTE ET EN ASIE-MINEURE

DISCOURS

PRONONCÉ AU 2ᵉ CONGRÈS DES CATHOLIQUES DE NORMANDIE

LE 5 DÉCEMBRE 1885

PAR

M. le Vᵗᵉ D'AVIAU DE PIOLANT

MEMBRE DU SECRÉTARIAT GÉNÉRAL DE L'ASSOCIATION DE SAINT-LOUIS

SE VEND AU PROFIT DE L'ŒUVRE

PARIS

IMPRIMERIE DE L'ŒUVRE DE SAINT-PAUL

51, RUE DE LILLE, 51

1886

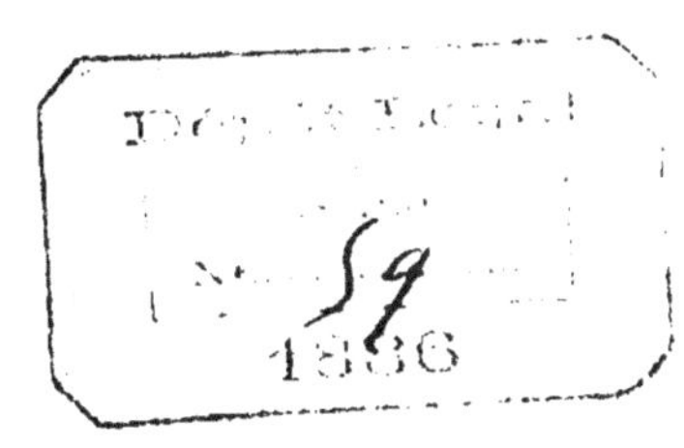

MONSEIGNEUR (1),

MESDAMES, MESSIEURS,

Depuis l'heure où s'est ouvert cet important Congrès, un grand nombre d'orateurs ont éloquemment parlé des œuvres de piété, de science, de propagande, en un mot de toutes les œuvres catholiques et françaises. Permettez-moi à mon tour de vous faire franchir les frontières de notre patrie; mais, en traitant la question de la défense des intérêts catholiques en Terre-Sainte et en Asie-Mineure, je vous entretiendrai toujours de la France.

I

L'histoire, en effet, nous démontre que Dieu a choisi certains peuples pour exécuter plus spécialement ses volontés et soutenir plus directement ses droits. L'honneur éternel de la France sera d'avoir pris rang parmi les nations privilégiées auxquelles a été accordée cette délégation providentielle. Alors que l'Église fondée par le Christ-Dieu commençait à peine à s'édifier sur les ruines du paganisme et de la barbarie, les Francs méritèrent d'en être appelés les Fils aînés. Ce titre glorieux leur créait de grands devoirs, mais leur permettait en revanche d'exercer une prépondérance incontestée, tant en Occident qu'en Orient. Aussi, pendant de longs siècles, le Franc fut-il considéré comme le protecteur attitré du catholicisme dans le monde entier. Aujourd'hui encore, dans cette Palestine où vécut le Sauveur, dans cette cité sainte de Jérusalem où des soldats infidèles montent la garde auprès de son tombeau, le musulman fanatique a conservé le souvenir des Godefroy de Bouillon,

(1) Mgr d'Hulst, doyen de la Faculté catholique de Paris.

des Tancrède, des Lusignan, des saint Louis, et demeure convaincu que les Francs reviendront pour régner en maitres sur ce sol sacré, objet de vénération pour tous les chrétiens.

Et cependant, après avoir toléré l'anéantissement du royaume catholique fondé par l'épée des croisés, entre-t-il dans les desseins impénétrables de Dieu de réserver à leurs descendants la pieuse joie de voir Jérusalem devenir la capitale d'un nouvel empire chrétien? Mystérieuse question, à laquelle il serait téméraire d'espérer donner une réponse favorable. Catholiques et Français, nous subissons assurément une humiliation véritable quand il nous faut payer le tribut au sultan pour obtenir l'accès de la basilique sainte. A prix d'argent nous achetons le privilège de gravir les marches qui conduisent au Golgotha, à prix d'argent nous achetons la faveur de baiser le marbre qui revêt le sépulcre du Christ. Mais du moins avons-nous la consolation de voir la légion infidèle préposée à la garde du plus précieux de nos temples contribuer par sa tenue respectueuse à l'éclat des cérémonies de notre culte. Touchant hommage rendu à notre foi, magnifique exemple de tolérance religieuse offert par un gouvernement infidèle aux gouvernements chrétiens qui interdisent à des soldats chrétiens sous les armes de franchir le seuil d'une église. Si le spectacle de telles faiblesses était offert aux regards des Orientaux, notre influence sur eux en recevrait une atteinte mortelle. Le mahométan n'a d'estime que pour celui qui ne rougit pas de croire, et il n'admet pas plus un peuple sans foi qu'un univers sans Dieu.

A Jérusalem toutefois, ne l'oublions pas, viennent converger les pensées et les désirs de tous ceux qui adorent le Crucifié divin, sans distinction de rites. Catholiques et schismatiques ont une égale vénération pour ces lieux sanctifiés où s'accomplissait, il y a bientôt dix-neuf siècles, l'admirable mystère de la rédemption humaine. Un jour viendra, j'en ai la certitude, et notre grand Pape Léon XIII a puissamment contribué à en hâter l'avénement, un jour viendra, dis-je, où tous les patriarches et les prélats orientaux s'inclineront devant l'autorité suprème du successeur de saint Pierre. Ce retour fatal, sinon prochain, à l'unité de doctrine et d'autorité, modifiera profondément la situation faite aux chrétiens en Palestine.

Malheureusement nous n'en sommes pas encore là. A l'heure actuelle, les Grecs, les Arméniens, les Cophtes, les Abyssins, verraient avec effroi une puissance catholique posséder Jérusalem, et nous, catholiques de toutes races, nous protesterions avec indignation si la schismatique Russie, par exemple, cherchait à s'emparer de la Judée. Voilà pourquoi le rôle dévolu à la France a toujours été si considérable dans ces contrées. Si la domination turque y est acceptée comme étant la moins susceptible de provoquer un conflit religieux parmi les nations chrétiennes de l'Occident, la France du moins n'a pas cessé d'y sauvegarder les intérêts catholiques.

Le Turc règne et le Franc protège. Au Sultan le chrétien paye le tribut d'argent, mais à la France il doit celui d'affection et de reconnaissance. Veut-il obtenir justice, il ira frapper à la porte de nos consulats, et désire-t-il faire instruire ses enfants, il les enverra chez les Jésuites, chez les Frères de la doctrine chrétienne, chez les Sœurs de Saint-Vincent de Paul ou de Saint-Joseph, chez les Dames de Sion, où ils apprendront à aimer la France et à en parler la langue.

Depuis quelques années la population latine de Jérusalem a été encouragée et édifiée par la visite de nombreux pèlerins français. L'influence exercée par ces pieux voyageurs a été des plus salutaires. Le schisme grec n'est plus seul à faire sillonner par ses pèlerins les sentiers de la Galilée. Aux protestants qui annonçaient l'anéantissement prochain du catholicisme, les fils de saint Dominique vont répondre en édifiant la basilique de Saint-Étienne. Sous l'inspiration des Assomptionnistes et avec le concours de chrétiens généreux, tels que les la Tour d'Auvergne, les Guinet, les Piéla, des hôpitaux et des monastères nouveaux ont été construits.

Détail touchant, dans cette Renaissance de la dévotion

française à l'égard des Lieux-Saints, le souvenir de notre grand saint Louis n'a pas été oublié. A Paris, on a pu admirer dans les vastes magasins de M. Raffl la magnifique statue du royal pèlerin, destinée à être placée dans l'église du Sacré-Cœur de Bethléem.

Il est représenté à genoux, prenant possession de cette Palestine où il vient de débarquer, mais qu'il n'aura pas la joie de restituer au christianisme par l'appui de sa victorieuse épée. Du moins obtiendra-t-il, en sacrifiant à cette noble entreprise sa couronne et sa vie, la faveur glorieuse de constituer son peuple le protecteur reconnu du catholicisme en Orient.

Je n'apprends rien en rappelant à quel point le sentiment religieux est prédominant chez les races orientales de l'Asie-Mineure. Dans cette portion du globe où dès l'aurore du monde Dieu voulut rester en communication plus intime avec l'homme, où il lui imposa lui-même ses commandements et sa loi, où il poussa la condescendance jusqu'à daigner vivre de sa vie, partager ses labeurs et ses souffrances, il semble que l'homme à son tour soit plus enclin à tourner son regard vers le ciel, prêtant l'oreille sans cesse comme s'il devait entendre encore la voix du Créateur.

Sur les murs intérieurs d'une mosquée, je me souviens d'avoir lu cette phrase : « Tout arrive par la volonté de Dieu. » Cette ingérence divine dans les événements humains est toujours présente à la pensée de tous, cette soumission aux décrets de Dieu est partagée par le chrétien, par le juif et par le musulman. Ce dernier toutefois, oubliant que l'homme a reçu de Dieu le don précieux du libre arbitre, s'est laissé entraîner à accepter les conséquences avilissantes du plus absurde fatalisme.

Tout en repoussant cette doctrine néfaste, il est impossible de ne pas constater combien l'action providentielle s'exerce plus visiblement sur cette terre sanctifiée par la vie et par la mort de l'Homme-Dieu. Quel pèlerin catholique n'a pas été douloureusement attristé en voyant les Lieux-Saints envahis ou possédés par des schismatiques,

souvent plus fanatiques que les mahométans eux-mêmes?
Or, la présence de ces schismatiques n'est-elle pas la plus
irréfutable preuve de l'authenticité de l'emplacement des
Lieux-Saints? Grecs et Arméniens se querelleront entre eux
ou avec nous sur des questions théologiques, sur des règles
de discipline ecclésiastique; ils nous disputeront la possession de tel ou tel sanctuaire; mais l'accord s'établit aussitôt,
s'il s'agit de désigner l'emplacement des Lieux-Saints. Il
appartenait, en effet, à notre siècle, qui a la prétention
d'être celui des lumières, d'avoir créé une école de pré-
tendus savants qui s'imaginent avoir tout révélé quand
ils ont émis un doute ou une négation au sujet des vérités
les plus incontestables. Il n'est pas rare de rencontrer à
Jérusalem quelques-uns de ces sectaires, dont la mauvaise
foi surpasse seule l'ignorance. S'ils n'osent pas contester
l'existence historique de Jésus le Nazaréen, ils s'em-
pressent de faire planer le doute sur les lieux précis de son
crucifiement et de sa sépulture. La science chrétienne a
réfuté victorieusement et topographiquement ces assertions
sans valeur; mais la preuve la plus concluante à leur opposer n'est-elle pas dans cet accord unanime des chrétiens de tous rites à vénérer les mêmes sanctuaires, où
une tradition constante a fixé le lieu de la naissance du
Sauveur, celui de son crucifiement et de sa sépulture?

Non, le Christ-Dieu ne pouvait permettre qu'il y eût hésitation à cet égard; il ne pouvait exposer ceux qui croient en
lui à toucher de leur front et à baiser de leurs lèvres un
emplacement où ne se seraient point accomplis les actes si
grands de sa naissance, de sa passion, de sa mort et de sa
résurrection. Aussi a-t-il fait choix de témoins irrécusables
pour se succéder dans l'affirmation de la vérité. Conformé-
ment aux habitudes de la jurisprudence humaine, on n'eût
pas manqué de suspecter les dires de ses serviteurs, s'ils
eussent été constitués les seuls gardiens des Lieux-Saints.
Mais voici qu'ils partagent cet honneur avec des infidèles et
des chrétiens séparés de la véritable Église; voici que souvent brutalisés ou martyrisés pour leur foi dans la doctrine
du Crucifié, ils sont en communauté de croyances avec leurs

adversaires et leurs bourreaux s'il s'agit de déterminer la situation exacte des Lieux-Saints. Sans hésitation tous disent : « C'est là ! »

Inclinons-nous donc, et loin de protester contre la présence de ceux que nous voudrions voir chassés du temple comme les vendeurs juifs de l'Évangile, admirons la sublime prévoyance de Celui qui les conserve pour contribuer à la manifestation de la Vérité.

II

Cependant de délicieuses consolations ne tarderont pas à faire oublier ces épreuves momentanées. Quelles douces émotions attendent les courageux voyageurs décidés à suivre les traces du Sauveur parmi les sentiers rocailleux de la Galilée! Merveilleux trajet, pendant lequel la pensée se détache des soucis de l'heure présente pour se laisser absorber par les grands souvenirs du passé! Comment pourrait-il en être autrement sur cette terre sainte où s'est accompli l'événement le plus important de l'histoire?... Les hommes et la nature semblent y avoir été frappés d'immobilité afin de maintenir plus vivant le souvenir du Christ-Dieu. Tout y est resté stationnaire. Aucune race d'agriculteurs n'y a même tenté un nouvel aménagement du sol de façon à en modifier l'aspect et les produits. Les fils d'Ismaël, ces pasteurs guerriers vivant sous la tente, continuent à sillonner les confins du désert en chassant devant eux leurs immenses troupeaux. D'autres tribus sédentaires habitent ces bourgs et ces hameaux dont la Bible nous a transmis les noms et où elles ont conservé leurs usages et leurs costumes, tandis que les demeures y gardent la naïveté architecturale. Était-ce donc hier ou il y a dix-neuf siècles, que le Fils de Dieu parcourait ces contrées, entraînant les foules, guérissant les malades et enseignant sa doctrine?... C'était hier sans doute, car en hâtant le pas nous l'atteindrons sur les bords du Jourdain ou sur les rives du lac de Tibériade. C'était hier sans doute, car voici le Thabor encore tout illuminé des rayons de sa gloire, et il nous a devancés à Nazareth pour y rejoindre la fille des rois de Juda, son auguste Mère, et son père adoptif, Joseph le charpentier.

Tel est le mirage idéal qui charme l'âme du pèlerin chrétien à mesure qu'il franchit les différentes étapes de son pieux itinéraire. Je me souviendrai toujours de l'impression profonde que j'éprouvai alors qu'ayant assis notre campement près de la source célèbre qui alimente Nazareth, nous vîmes s'avancer vers l'antique fontaine une longue file de jeunes filles majestueusement drapées. Chacune d'elles vint remplir d'une eau fraîche et limpide une énorme buire de forme ancienne, qu'elles s'aidèrent tour à tour à placer sur leur tête; puis toutes s'en retournèrent, portant fièrement leur pesant fardeau, en suivant les étroits sentiers bordés d'impénétrables haies d'aloès. Combien de fois, pensions-nous, la Vierge-Mère, ainsi vêtue, dut-elle venir puiser à cette source! Et quel gracieux sujet de tableau nous entrevoyions en nous la représentant entourée des femmes de Nazareth, se disputant l'honneur de poser sur son front royal le vase d'argile destiné à contenir l'eau nécessaire à la sainte Famille !

A Nazareth, du reste, une agréable surprise est réservée au pèlerin français. Il va rencontrer l'avant-garde du peuple maronite. Ces fervents catholiques, qui se disent Français, n'ont jamais séparé leur culte pour le Christ de leur attachement à son Église. Et s'il entrait dans les desseins providentiels, comme j'ai essayé de le démontrer, de se servir des musulmans et des schismatiques de la Palestine pour attester l'authenticité de l'emplacement des Lieux-Saints, une grande consolation devait toutefois être réservée à la véritable Église dans cet Orient, berceau de notre foi. Oui, l'Église était appelée à y posséder une phalange fidèle, inébranlable, perpétuant les traditions de soumission à son infaillible doctrine. Cette phalange n'est-elle pas la nation maronite? Ceux qui ont étudié son histoire et parcouru le Liban, sa principale patrie, ont pu constater qu'elle n'avait jamais failli à la noble mission qui lui fut assignée par la Providence. Et pour nous Français, appelés jadis les fils aînés de l'Église, n'est-il pas touchant de voir ces Arabes chrétiens, qui se disent nos frères, former la garde d'honneur du catholicisme sur la terre du Christ? Ne participons-nous pas en quelque sorte à leur glorieuse faction? Écoutons leurs prêtres prier à l'autel : ils parlent la langue du Sauveur, et le peuple des fidèles tout entier nous montre quels devaient être les premiers chrétiens leurs pères, ces pieux diocésains de saint Pierre dans son évêché d'Antioche, dont le patriarche maronite est resté le titulaire. Du reste, pour justifier mes appréciations élogieuses, je tiens à citer celles bien plus éloquentes de M. de Lamartine, qui vécut plus d'un an dans le voisinage du Liban.

« Si l'on veut avoir sous les yeux, écrivait-il, ce que l'imagination se figure du temps du christianisme naissant et pur, si l'on veut voir la simplicité et la ferveur de la foi primitive, la pureté des mœurs, le désintéressement des ministres de la charité, l'influence sacerdotale sans abus, l'autorité sans domination, la pauvreté sans mendicité, la dignité sans orgueil, la prière, les veilles, la sobriété, la chasteté, le travail des mains, il faut venir chez les Maronites. Le philosophe le plus rigide ne trouvera pas une réforme à faire dans l'existence publique et privée de prêtres qui sont restés les modèles, les conseillers et les serviteurs du peuple.

« Les moines ne sont ni riches ni mendiants. Leur vie est celle d'un paysan laborieux. Ils soignent le bétail ou les vers à soie, ils fendent le rocher, ils bâtissent de leurs mains les murs de terrassement de leurs champs, ils bêchent, ils labourent, ils moissonnent. Je n'ai jamais entendu parler d'un scandale parmi ces moines. Il n'y a pas un murmure contre eux; chaque monastère n'est qu'une pauvre ferme dont les serviteurs sont volontaires et ne reçoivent pour tout salaire que le toit, une nourriture d'anachorètes et les prières de leur église... »

Et Lamartine ajoute ces graves considérations, qui ont un caractère quasi prophétique :

« Les Maronites sont braves et naturellement guerriers comme tous les montagnards. *Je ne sais si je me trompe, mais de grandes destinées peuvent être réservées à ce* peuple, vierge par ses mœurs, sa religion et son courage. La plus admirable police, résultat de la religion et des mœurs bien plus que d'aucune législation, règne dans toute l'étendue du pays habité par les Maronites. Vous y voyagez seul et sans guide, le jour, la nuit, sans craindre ni vol ni violence. Les crimes y sont presque inconnus. L'étranger est sacré pour l'Arabe chrétien ; sa porte lui est ouverte, il tue son chevreau pour lui faire honneur, il abandonne sa natte de jonc pour lui faire place.

« Je n'ai vu aucune population au monde portant sur ses traits plus d'apparence de santé, de noblesse et de civilisation que ces hommes du Liban. L'instruction du peuple y est universelle et donne aux Maronites un ascendant légitime sur les autres nations syriennes. »

Est-il plus magnifique hommage rendu à la fois au catholicisme et à un peuple, dont les vertus civiques émanent de sa fidélité à mettre en pratique les préceptes du Christ? Est-il plus victorieuse condamnation de la monstrueuse théorie de l'État sans Dieu, alors que l'expérience démontre chaque jour l'impuissance de l'instruction athée, unie aux seules lois humaines, à empêcher l'accroissement des délits et des crimes? En offrant un tel exemple, les Maronites ont donc bien mérité du catholicisme tout entier, mais il me reste à énumérer leurs titres à l'affection plus particulière de la France. — Saint Louis, en débarquant à Saint-Jean d'Acre, trouva le fils de l'émir du Liban accouru à la tête de 25,000 guerriers pour lui rendre hommage et l'aider à consolider la conquête des Lieux Saints. Le grand roi témoigna sa reconnaissance à ce prince dans une charte mémorable, dont je citerai le principal passage.

« Nous sommes persuadé, disait-il, que cette nation que nous trouvons établie sous le nom de Saint-Maron est une partie de la nation française, car son amitié pour les Français ressemble à l'amitié que les Français se portent entre eux. En conséquence, il est juste que vous et tous les Maronites jouissiez de la même protection dont les Français jouissent près de nous et que vous soyez admis dans les mêmes emplois qu'ils le sont eux-mêmes. »

Cette charte fut confirmée par des lettres autographes de Louis XIV et de Louis XV, dont il m'a été donné de lire le texte original à la résidence patriarcale du Mont-Liban.

Les Maronites, de leur côté, saisirent toutes les occasions pour prouver à la France leur affectueux dévouement. Apprenant que les vivres manquent à l'armée de Bonaparte en train d'assiéger Saint-Jean d'Acre, ils accourent en apporter; mais l'un d'eux, s'avançant vers le général en chef, lui tient ce fier langage : « C'est pour nos frères les Français que nous sommes venus, et non pour toi qui persécutes l'Église Romaine. »

Bonaparte lui répondit : « Je reconnais que les Maronites *sont Français de temps immémorial*, mais moi aussi, je suis catholique romain et vous verrez que par moi l'Église triomphera. »

Napoléon III s'honora en restant fidèle à cette tradition nationale, qui reconnaît les Maronites *pour Français de temps immémorial*. L'expédition, effectuée en Syrie en 1860, sauva des milliers de chrétiens. Aussi, en 1870, la nation maronite, instruite des désastres subis par les armées Françaises dans leur lutte contre la Prusse, fait-elle les plus actives démarches près de notre consul de Beyrouth, pour qu'on puisse transporter dix mille de ses enfants désireux d'aller combattre dans les rangs de leurs frères de France. Et son vénérable patriarche me disait en m'entretenant de ce fait : « Ce ne sont pas dix mille, mais trente mille de nos montagnards qui voulaient s'enrôler. » Leur concours ne fut pas autorisé; mais cet élan patriotique de nos frères d'Orient, ne pouvait être oublié par des cœurs catholiques et français.

Aussi en 1876, lors de l'Assemblée générale des catholiques tenue à Paris, l'honorable sénateur M. de Belcastel, président de la Commission de Terre-Sainte et des chrétiens d'Orient, adresse-t-il au peuple maronite cet éloquent hommage :

« Et vous, Maronites, Français de cœur, presque de sang, nobles fils du Liban, nous envoyons au nom du Congrès catholique un salut et un hommage à votre héroïque fidélité.

Vous êtes là comme un appel permanent à nos traditions et à notre foi. Votre âme est comme une étincelle restée de l'âme des Croisades. Vous êtes les protestations du passé et les jalons de l'avenir. » //

La question du Liban ne pouvait être présentée d'une façon plus saisissante et plus vraie. Mais cet admirable appel en faveur de la nation maronite devait être complété par l'organisation d'une association destinée à être sans cesse en communication avec le Liban et à aider son clergé si pauvre et si digne d'intérêt. Après avoir triomphé des persécutions sanglantes de l'islamisme, le peuple maronite subit ne épreuve non moins re doutable. Le protestantisme anglais, allemand, américain l'enserre aujourd'hui et, le sachant pauvre, espère l'entraîner vers l'hérésie par l'appât de libéralités corruptrices. Déjà en 1847, la duchesse de Narbonne, avec le concours de plusieurs dames françaises, avait pris l'initiative d'une Société de secours en faveur des chrétiens du Liban. Pie IX l'avait encouragée par un Bref remarquable où nous lisons notamment cette phrase : « Nous vous déclarons que Notre volonté est essentiellement favorable à cette Société, et Nous désirons qu'avec l'aide de Dieu une œuvre si pieuse et si salutaire se propage de jour en jour. Soyez donc persuadée que Nous Nous prêterons de tout Notre cœur à ce que Nous saurons dans le Seigneur pouvoir accroître davantage le bien de cette Société. »

Malheureusement la Révolution de 1848, en bouleversant la France, ne permit pas à Madame de Narbonne de propager son œuvre, ainsi que le souhaitait Pie IX. C'est donc seulement en 1876 que MM. Poujoulat et de Baudicour reprennent cette pensée et la réalisent en plaçant l'association sous le patronage de saint Louis.

« Pour une œuvre particulière à l'Orient, écrivaient ces infatigables défenseurs de toutes les œuvres catholiques, n'est-il pas convenable d'avoir un patron pécial, et dans la charitable et toute pacifique croisade qu'on y entreprend aujourd'hui, est-il un modèle plus accompli et plus propre à enflammer le zèle religieux que saint Louis roi de France ? »

Définissant alors le véritable but de l'Association de Saint-Louis, M. Poujoulat ajoutait :

« La nation maronite a conservé ses croyances malgré les révolutions et les persécutions; elle est le principal foyer de notre foi en Orient. Son vieux dévouement à la France et les souvenirs qui nous lient à cette nation nous commandent d'arrêter sur elle des regards attentifs. Il ne faut pas que ce peuple ne soit utile qu'à lui-même et qu'il demeure sans influence et sans rayonnement; il faut au contraire qu'il puisse devenir un instrument de propagande catholique, surtout maintenant que de nouvelles destinées se préparent pour le monde oriental. Deux conditions sont à remplir : la piété d'abord, la piété qui sert à tout, puis l'instruction. Les évêques et les prêtres éclairés ne manquent pas aujourd'hui parmi les Maronites; mais le clergé maronite en général, faute de ressources, a de grands progrès à faire dans les sciences sacrées et dans les lettres humaines. »

Dans une lettre qu'au commencement de cette année Sa Béatitude le Patriarche maronite me faisait l'insigne honneur de m'adresser, se trouve la confirmation de ce programme.

« Bénie soit l'Association de Saint-Louis, m'écrivait le vénérable prélat ; puisse-t-elle progresser, elle dont le but est d'aider nos séminaires et surtout de nous permettre d'envoyer à celui de Saint-Sulpice quelques jeunes aspirants au sacerdoce. Combien est utile la création de bourses destinées à payer l'éducation de ces élèves ecclésiastiques, appelés un jour à enseigner eux-mêmes les hautes sciences dans nos séminaires du Liban et à développer l'instruction de notre clergé d'une manière plus conforme aux exigences des temps modernes ! »

L'Œuvre de Saint-Louis a des ressources trop modestes pour être en mesure de répondre favorablement à toutes les demandes qui lui sont adressées du Liban. Le Comité des dames patronnesses de Paris a tenu à honneur d'offrir au Patriarche la somme suffisante à l'entretien d'un jeune séminariste envoyé par Sa Béatitude pour faire ses études à Saint-Sulpice. Nos comités de province se sont partagé le Liban, prenant chacun de ses diocèses sous leur protection spéciale, tout en maintenant la centralisation des fonds entre les mains de notre Secrétariat général. Les évèques maronites n'ignorent pas les sacrifices immenses que doivent s'imposer les catholiques français pour soutenir les œuvres les plus utiles au sein de leur propre patrie. Ils nous supplient cependant de ne pas les abandonner complétement, de les soutenir dans leur lutte incessante contre les attaques du protestantisme. Ne l'oublions pas, le peuple maronite forme le centre de la vaillante armée catholique dont les bataillons s'étendent de Tripoli à Byzance et de Beyrouth à Bagdad ; il garde lui-même la fameuse route de Damas qui ouvrit le monde romain aux douze Apôtres. Dernièrement nous avons entendu la voix éloquente d'un prince de l'Église faire appel à la charité française pour l'aider à reconquérir au christianisme l'Afrique du Nord. La réponse des catholiques français a été admirable d'entrain et de générosité. Ils ne laisseront pas davantage le protestantisme ravir à l'Église cette France orientale qui s'appelle le Liban. Nous en avons le ferme espoir en constatant les précieux encouragements accordés déjà à l'Œuvre de Saint-Louis. Au dernier congrès catholique de Paris, tous les vœux formés par le Secrétariat général de l'Association ont été adoptés par l'Assemblée. Deux jeunes Maronites laïcs, qui m'accompagnaient, ont assisté aux séances du congrès, et l'un d'eux, dans une improvisation chaleureuse, a tenu à affirmer la fidélité de sa nation à l'Église et à la France.

Retournés en Syrie, ils regretteront de ne pas entendre encore parler de leur patrie dans cette noble ville de Rouen si charitable et si généreuse, au sein de cet important congrès qui réunit les plus vaillants catholiques de Normandie sous le haut patronage et la Présidence d'honneur d'un illustre prélat dont le nom est béni et vénéré dans leurs montagnes. N'est-il pas, il est vrai, toujours le premier à offrir son appui à toutes les œuvres utiles, et comment l'Association de Saint-Louis, si catholique et si française, n'eût-elle pas été assurée de rencontrer près de ce cœur si généreux le plus bienveillant accueil ?... Aussi avec quelle joie a-t-on appris au Liban que l'archidiocèse de Tripoli, qui s'étend presque de la mer aux cèdres séculaires, était confié à la protection des catholiques de Normandie.

« Quelle belle et intéressante nouvelle vous nous apprenez, nous écrit aussitôt l'abbé Aouad, vicaire général et frère de l'archevêque de Tripoli. Vous nous dites que le diocèse de Tripoli a été mis sous la protection des cinq diocèses dont Rouen est la métropole. Quoi ! c'est cette belle Normandie, l'une des plus riches et des plus grandes provinces de France, cette Normandie si généreuse et si chrétienne, qui, avec Roger chassa les musulmans de la Sicile et de Malte, avec Tancrède plaça la croix sur les murs de Jérusalem, avec Guillaume fit la conquête de l'Angleterre, et qui n'a cessé depuis huit siècles d'envoyer d'innombrables pèlerins en Terre-Sainte, voilà la protectrice qui nous a été assignée. Ah ! que nous en sommes reconnaissants et avec quelle ferveur nous prierons pour les évêques et le clergé de cette province et pour tous les fidèles qui vont devenir nos protecteurs et nos amis. Monseigneur l'Archevêque, mon frère, remercie tous les membres du Secrétariat général de Saint-Louis et leur accorde sa bénédiction apostolique. J'ai écrit à Mgr l'archevêque de Rouen pour le remercier de ses bonnes dispositions en notre faveur... »

Le 16 mai 1885 le même grand-vicaire nous écrit encore :

« Mon frère est charmé de voir son diocèse si généreusement traité par le comité de Rouen. Désormais des liens pieux et indissolubles uniront ces deux diocèses, car notre premier Pasteur a saisi avec empressement la proposition de l'illustre archevêque de Rouen, et les fidèles maronites de l'église de Tripoli seront placés sous la protection de Notre-Dame de Bon Secours. Ils l'invoqueront en union de prières avec leurs frères, les catholiques de Normandie. — Un pieux prêtre du diocèse de Coutances a aussi manifesté le désir que les marins maronites de notre diocèse invoquent saint Michel dans les périls auxquels ils sont exposés chaque jour. Monseigneur l'Archevêque est entré avec joie dans ces vues et il envoie l'assurance de son respectueux dévouement à Mgr l'archevêque de Rouen ainsi qu'aux évêques de Normandie, en leur recommandant de nouveau son pauvre diocèse. »

Je ne doute pas que des sentiments de reconnaissance, exprimés d'une façon si simple et si digne à la fois, ne soient agréés favorablement dans la catholique Normandie. Je viens donc demander aux membres du congrès de rallier le plus grand nombre d'adhérents possible à l'Œuvre de Saint-Louis.

Je sens bien que j'ai parlé trop longuement, mais on a tant à dire quand il est question d'implorer pour ceux que l'on aime et dont on connaît la détresse ! Mon cœur s'attriste en apprenant par chaque courrier les assauts livrés par le protestantisme à la foi de nos chers Maronites. Hier je recevais une lettre navrante du curé de Nazareth. Elle est datée du 10 novembre. Son étendue ne me permet pas de la citer tout entière, je n'en donnerai que de courts extraits.

« Vous n'ignorez pas, Monsieur le Vicomte, ce que le clergé protestant fait pour détourner de notre sainte religion les catholiques d'Orient. La misère et l'ignorance de mes paroissiens et des autres catholiques lui facilitent cette tâche odieuse. Comment lutter avec notre pauvreté contre l'or qu'il jette à pleines mains? Tous les moyens lui sont bons pour accaparer des âmes faibles et ignorantes que les souffrances de la misère ont préparées à subir l'influence de celui qui leur en promet le soulagement. Il offre tout, il promet tout, il donne tout, aumônes, hospices, écoles, orphelinats. Ces protestants acharnés ont pris à tâche de combattre notre religion surtout sur la terre des Lieux Saints. A Jérusalem et à Nazareth, leur acharnement n'a pas de bornes.

« Et moi pauvre prêtre, sans ressources, qu'ai-je à leur opposer ?... En fait d'école... j'ai le terrain sans même un mur de construit. Mon presbytère se compose d'une chambre et d'un divan; encore suis-je plus heureux que mes prédécesseurs, qui étaient obligés de mendier un asile à leurs paroissiens... Et cela se passe dans la cité de Notre-Seigneur. Parfois mon cœur se brise, car ma nation servit de base au christianisme dans cette ville sainte et nos pères s'y sont maintenus depuis les Croisades. Quand donc les catholiques d'Occident viendront-ils à notre aide, eux qui tant de fois ont répété le nom de Nazareth? Et aussi quelle reconnaissance à l'Œuvre de Saint-Louis qui encourage le zèle de nouveaux bienfaiteurs... »

Ce cri de détresse qui nous parvient de la cité même où vécut le Christ-Dieu, n'est-il pas le plus concluant et le plus éloquent de tous les plaidoyers en faveur de l'Association de Saint-Louis?... N'est-il pas la preuve la plus manifeste de son utilité pour la défense des intérêts catholiques en Terre Sainte et en Orient?

Vᵗᵉ D'AVIAU DE PIOLANT,

membre du Secrétariat Général de l'Association de Saint-Louis.

7364 — Paris, Imp. de l'Œuvre de Saint-Paul, 51, rue de Lille.